zuhause
selber keimen

Dieses Buch widme ich meiner Frau Hilde. Sie hatte trotz unserer großen Kinderschar immer Lust und Freude zum Keimen, nahm sich Zeit für viele Keimtests, inspirierte und unterstützte mich beim Schreiben dieses Buches.

Reiner Otto Schmid *"zuhause selber keimen"*
Wissenswertes über Keimlinge
Anleitung zum Keimen

5. überarbeitete Auflage
ISBN 3-927676-01-2
© verlag ernährung & gesundheit
Leostraße 14
81375 München

Umschlaggestaltung: Fritz Wendler
Fotos: Hansjörg Magg, vierpunkt grafik-design
Illustrationen: Monika Freitag
Lektorat: Eva Diller
Druck: Windmühlen Verlag, Ehingen-Beyerberg
Gedruckt auf Original Umweltschutzpapier

ISBN 3-927676-01-2

Inhaltsverzeichnis

Vorwort

Gesunde, vollwertige Ernährung ist in aller Munde und selbtsgezogene Keime halten Einzug in immer mehr frischkostbewußte Küchen. Sogar die Gastronomie hat die Methode des Keimens aufgegriffen und bereichert das meistens nur auf Geschmack und Aussehen getrimmte Restaurantessen mit wertvollen Sprossen und Keimlingen. Tatsächlich sind Keimlinge selbst gezogen zu jeder Jahreszeit das frischeste, preiswerteste und an Vitalstoffen gehaltvollste Gemüse. Während des Keimvorgangs erwachen die schlummernden Lebenskräfte des Samenkorns und bewirken eine unglaubliche Vervielfachung der Nährstoffe.

Seit Jahrtausenden ist es in vielen Teilen der Erde ein alter Brauch, Samen zum Keimen zu bringen. Auf diese Weise gelang es den Menschen intuitiv, die Qualität ihrer Nahrung beträchtlich aufzuwerten. Vor allem im Orient wird die Methode des Keimens sehr geschätzt. Den Chinesen war sie schon vor 5000 Jahren bekannt. Die Hunzas, jenes wegen seiner Langlebigkeit und Gesundheit berühmte Bergvolk aus dem Himalaya, verwendeten gekeimte Samen, um den rauhen Winter zu überstehen. Außerdem gibt es Hinweise dafür, daß das Keimen auch bei den Azteken und den Navajo Indianern bekannt war.

Als die seefahrenden Phönizier auf Entdeckungsreisen gingen, hielten sie ihre Schiffsmannschaften mit Vitamin-C-reichen Bohnen-, Erbsen- und Gerstenkeimen gesund und leistungsfähig, heilten Sie sogar von der damals verbreiteten Vitaminmangelmangelkrankheit Skorbut.

In einem kleinen Zimmergarten, genannt Keimgerät, ziehen Sie sich unabhängig von jeder Jahreszeit, Witterungs- und Umwelteinflüssen, zuhause wertvolle Nahrung.

Erscheint es Ihnen wichtig, Ihren Körper in bester Funktion zu halten, ihm alle Nährstoffe zur Verfügung zu stellen, die er benötigt? Halten Sie es für notwendig, in einer Zeit erhöhter Anforderungen Ihr Abwehrsystem extra zu stärken, um Krankheiten leichter zu überwinden, Strahlenstreß besser auszugleichen, Umweltgifte effektiver zu neutralisieren? Wissen Sie, daß aufgrund von modernen Anbaumethoden, Monokulutur, Genmanipulation und fabrikmäßiger Verarbeitung unsere Nahrungsmittel 20 bis 30 % weniger Nährstoffe enthalten als vor 20 oder 30 Jahren?

Wenn ja, dann empfehle Ich Ihnen einen großen Anteil an Lebensmitteln in den Speiseplan einzubauen, die das Prädikat "Lebensmittel", also "Mittel zum Leben", wirklich verdienen. Selbstgezogene Keimlinge sind solche vollwertige "Mittel zum Leben", ausgestattet mit einem hohen Energiepotential und ausgezeichneter Nährstoffdichte. Sie fördern Ihre Leistungsfähigkeit und Wohlbefinden und helfen, Sie vor Mangeler-scheinungen und gesundheitsgefährdenden Einflüssen zu schützen.

Wir freuen uns sehr, daß unser Ratgeber in Sachen "selber keimen" so großen Anklang gefunden hat. Zu dieser 5. Auflage möchten wir noch folgendes zu bedenken geben: Der Treibhauseffekt hat weltweit zu globalen Wetterveränderungen geführt und die Befürchtungen voraus-schauender Menschen bewahrheitet. Künftig muß vermehrt mit Erdbeben, Überflutungen, Dürreperioden, Orkanen, Vulkanausbrüchen und mit geringeren Ernteerträgen gerechnet werden. Dies ist ein Teil des großen kosmischen Umwandlungsplanes, damit die Erde gesunden und die Menschen wieder ihrer Bestimmung entsprechend leben und sich geistig vervollkommnen können. Wir leben am Ende eines Jahrhunderts sowie eines Zweitausendjahreszyklus. Große Umwälzungen in jedem Menschen, in der Gesellschaft und in der Natur sind eingeleitet. Alles außerhalb der Naturgesetze Existierende wird sich wandeln müssen. Wer die Zeichen der Zeit und die Chance zur positiven Veränderung sieht, ist beweglich und wird im Sturm der Wandlungen nicht zerbrechen. Die Erde ist und bleibt ein Schulungsplanet, er wird nicht untergehen und er wird sich auch nicht zerstören lassen. Er weiß sich jedoch zu wehren, wie er uns inzwischen täglich demonstriert. In solchen Zeiten kann es sehr sinnvoll sein, einen Notvorrat an Keimsaaten und Wasser anzulegen.
Wir gehen einer neuen Ära entgegen, deren Grundlagen geistige Freiheit, Eigenverantwortung, Ehrlichkeit und Liebe zu Gott, den Menschen und der Natur sind. In dieser Zeit der Metamorphose wünschen wir den Menschen die guten Willens sind allzeit Bewußtheit und Vertrauen in die höchste Macht und die Einsicht, daß wir durch unsere Gedanken und Handlungen unser Schicksal selbst bestimmen und jederzeit zum guten wenden können.

Reiner Otto Schmid
Im Winter 95/96

Samenkörner sind natürliche Konserven

Sobald das Samenkorn zu keimen beginnt, tritt ein gewaltiger enzymatischer Umwandlungsprozeß in Gang, der in späteren Wachstumsphasen nicht wieder erreicht wird.

Der Vitamin-C-Gehalt steigert sich um bis zu 270 %. Vitamin-E, das Verjüngungs- und Fruchtbarkeitsvitamin, erhöht sich um ca. 300 %. Selbst das zur Blutbildung notwendige Vitamin-B 12, von dem man früher glaubte, es befinde sich nur in tierischen Nahrungsmitteln, ist in vielen Keimlingen enthalten. Alfalfasprossen enthalten 50 % mehr Vitamin-C als Kopfsalat. Die Nahrungsqualität von Hülsenfrüchten wird durch den Keimvorgang nachweislich verbessert und erheblich aufgewertet. Im besonderen sind es die B-Vitamine, die als hochwertig Nervennahrung beste Dienste leisten.

Durch diesen enzymatischen Umwandlungsprozeß werden Proteine in leicht verwertbare Aminosäuren (Eiweißbausteine) gespalten, zusätzlich werden neue Eiweißstoffe gebildet. Unser Organismus ist nur in beschränktem Maße fähig, organische Mineralien aufzunehmen. Während des Keimvorgangs jedoch verbinden sich Mineralien zu organischen Komplexen, die vom Organismus besonders leicht aufgenommen werden. Stärke wird zu Malzzucker umgewandelt und steht als schneller Energiespender zur Verfügung. Keimlinge enthalten vollständiges Protein und sind als vollwertiges Lebensmittel einzustufen.

Die hohe Enzymkonzentration macht Keimlinge zum besten stoffwechselfördernden Lebensmittel. Enzyme sind sensible Eiweißverbindungen, die den Stoffwechsel bewirken, also die Versorgung und Entsorgung der Körperzellen bewerkstelligen. Ohne diese hitzeempfindlichen Enzyme würden alle Stoffwechselvorgänge im Körper zu langsam oder überhaupt nicht ablaufen können. Selbstvergiftung wäre die logische Folge. Menschen mit Enzymmangel z. B. wirken wie ausgetrocknet, da die Körpersäfte nicht richtig fliessen können.

Das Geheimnis

Des Lebens Ursprung liegt noch immer
im Dunkel frührer Erdenzeit
und ungelöst blieb dies Geheimnis,
das größte uns'res Sterns, bis heut.

Doch sicher ist, millionen Jahre,
vielleicht milliarden, mußten geh'n,
eh' das Lebend'ge so geworden,
wie wir es heute vor uns seh'n.

Drum lasset uns in Ehrfurcht wahren,
für spät're Zeit und Kindeskind,
dies Wunderreich des ird'schen Lebens,
aus dem wir selbst gekommen sind.

Hanna Schwarz

Das müssen Sie beim Keimen beachten

Um Samen zum Keimen zu bringen, benötigen Sie:

* Wasser
* Wärme
* Dunkelheit zum Ankeimen
* eventuell indirektes Sonnenlicht zum Grünen

In der Praxis bedeutet dies:

1. Samenkörner waschen und mit der dreifachen Menge Wasser einweichen: kleine Samenkörner 4 Stunden, Getreide und Hülsenfrüchte ungefähr 12 bis 15 Stunden.

2. Wasser abschütten, bei idealer Temperatur zwischen 18 und 21 ° C im Dunkeln ankeimen. Eventuell mit einem Tuch abdunkeln.

3. Wässern Sie täglich Ihre Keimlinge, so sorgen Sie für ausreichend Feuchtigkeit und spülen die natürlichen Stoffwechselprodukte ab. Bei zu hohen Keimtemperaturen und Schimmelbildung kann morgens und abends eine Bewässerung notwendig werden.

4. Keimlinge, die zur Chlorophyllanreicherung grünen sollen, dürfen die letzten zwei Keimtage indirektem Sonnenlicht ausgesetzt werden.

Ernten Sie, wenn Ihnen die Keimlinge am besten schmecken. Lassen Sie Ihre Keimlinge nicht zu alt werden, denn sonst bilden sich viele Faser- und Bitterstoffe, die Ihre Keimlinge zäh und grasig werden lassen. Vor dem Verzehr sollten Sie die Keimlinge mit viel Wasser durchspülen. Im Kühlschrank können Keimlinge in einem gut verschlossenen Glas mehrere Tage aufbewahrt werden.

Grundsätzlich können Sie alle Samenkörner zum Keimen verwenden, mit Ausnahme die der Nachtschattengewächse.

Wenn möglich, besorgen Sie sich im Fachgeschäft Keimsaaten aus kontrolliert-biologischem Anbau. Abgesehen von der unbestrittenen Qualität durch den naturgemäßen Feldbau besitzen sie meistens bessere Keimfähigkeit, höheren Mineralstoffgehalt, sowie geringere Belastung durch Schwermetalle. Solche Saaten sind garantiert nicht mit Stickstoff überdüngt und auch nicht mit giftigen chemischen Pflanzenschutzmitteln behandelt.

Bei handelsüblichen Keimsaaten sollten Sie darauf achten, daß diese nicht mit chemischen Schutzstoffen gebeizt sind.
Seien Sie sich bewußt, daß Sie sich beim Kauf von Lebensmitteln für oder gegen den Schutz des Bodens, der Luft, des Wassers, der Nahrungsqualität entscheiden und somit die kollektive wie die eigene Gesundheit beeinflussen. Bei der Erzeugung konventioller Nahrungsmittel wird mit dem Einsatz synthetischer Düngemittel Raubbau am Ackerboden betrieben. Mit dem Einsatz schwerer chemischer Keulen in Form von Insektiziden, Pestiziden und Fungiziden werden nicht nur die Schädlinge eliminiert, das Gift bleibt teilweise in der Nahrung, gelangt in die Luft, dringt über den Boden in das Grundwasser ein. Nur Nahrungsmittel aus kontrolliert-biologischem Anbau bieten größtmögliche Gewissheit, daß die Bodenfruchtbarkeit gefördert und die Qualität der Früchte im Vordergrund stehen. Solche Nahrung schafft einen gesunden Menschengeist, der sich seiner Individualität, seines göttlichen Funkens bewußt ist und sich in die kosmische Ordnung einreiht. Andererseits erzeugt die seelenlose Mangelnahrung aus konventionellem Kunstdüngeranbau genauso seelenlose Konsumenten, die ohne Eigenwillen leicht manipulierbar sind und keinen Bezug zur geistigen Realität besitzen. Das aber streben Herrschaftssysteme auch bei uns an, um Menschen leicht entmündigen und lenkbar machen zu können.

Die verschiedenen Keimarten

Das Keimen im Sprossenglas

Es ist die einfachste Art des Keimens, vor allem für Samen aus Getreide und Hülsenfrüchten geeignet. Am ersten Tag werden 2 - 3 Eßl. Samen-körner gewaschen und im speziellen Keimglas mit aufschraubbarem Sieb in reichlich Wasser eingeweicht. Danach wird das Einweichwasser abgeschüttet, in dem das Glas schräg auf den Kopf gestellt wird. Diese Prozedur (Keimlinge mit Wasser spülen und abschütten) wird morgens und abends wiederholt. Das Sprossen-glas bitte nicht direkt ins Licht stellen. Nach zwei bis drei Tagen sind die ersten Keimlinge genußbereit.

Keimen in einer flachen Schale oder auf einem Teller

Empfehlenswert für gegrünte Keimlinge wie Senf, Radieschen, Alfalfa und Kresse. Eingeweichte Samenkörner gleichmäßig auf einem im Teller ausgebreiteten Baumwolltuch verteilen. Das ganze mit einem zweiten, angefeuchteten Tuch abdecken. Achten Sie darauf, daß alle Lagen durchfeuchtet sind und auch bleiben. Am vierten Tag können Sie das Tuch abnehmen und die Keimlinge zur Grünung indirektem Sonnenlicht aussetzen, um Sonnenenergie in Form von Chlorophyll zu speichern. Watte mit Chlor gebleicht ist meist mit giftigen Rückständen (Dioxin) belastet und deshalb als Keimunterlage wenig geeignet. Zusätzlich reichert sich beim Keimen auf Watte vermehrt Nitrat in den Keimlingen an. Das selbige gilt auch für das Keimen auf Vliespapier.

Keimen in einem Keimgerät

Ein Keimgerät ist ein kleiner, praktischer und beliebig erweiterbarer Zimmergarten mit geringem Platzbedarf. Mehrere Keimschalen können übereinander gestapelt gleichzeitig zur Keimlingszucht verwendet werden.

Am ersten Tag werden die Keimlinge in reichlich Wasser eingeweicht und danach in die Keimschalen verteilt. Der weitere Vorgang beschränkt sich darauf, morgens uns abends die oberste Schale bis zum Rand mit frischem Wasser zu füllen. Das Wasser läuft durch alle übereinander stehenden Keimschalen und wird in der untersten Schale aufgefangen. Noch besser ist es, jede Keimschale einzeln mit frischem Wasser zu spülen, um einer Schimmelbildung vorzubeugen. Dieses nährstoffreiche Wasser ist zum Wegschütten zu schade; verwenden Sie es am besten zum Blumengießen.

Auch hier gilt es, die natürlichen Bedingungen zum Ankeimen zu schaffen und die Samen im Dunkeln anzukeimen. Alles, was Sie grünen wollen, wird die letzten zwei Tage dem indirekten Sonnenlicht ausgesetzt.

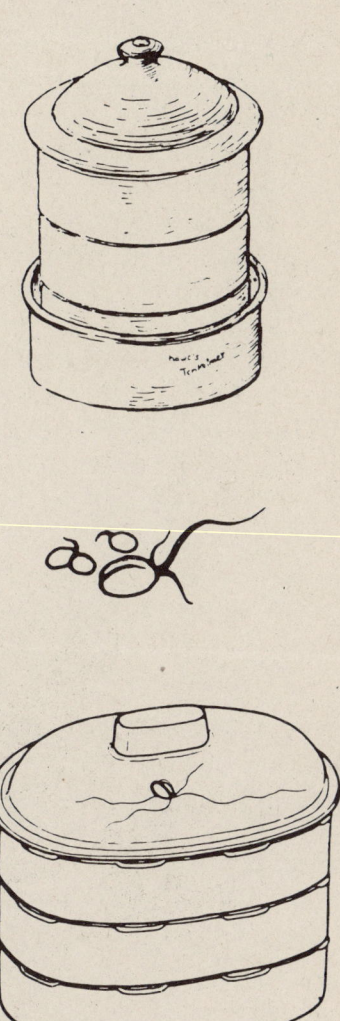

Die verschiedenen Keimgeräte

Keimgeräte aus Kunststoff

sind eine preisgünstige Alternative zu Ton- und Keramik-Keimern. Falls Sie sich für ein Kunststoff-Keimgerät entscheiden, versichern Sie sich beim Kauf, daß das Keimgerät aus säurebeständigem Kunststoff gefertigt wurde. Die feinen Keimwürzelchen scheiden natürlicherweise Stoffwechselsäuren aus, um ungelöste Mineralstoffe im Boden für Pflanzen verfügbar zu machen. Abgesondert werden überwiegend Zitronensäure, Salzsäure, Salpetersäure und Fluorsäure. Die wichtigste Wurzelausscheidung ist jedoch das Kohlendioxyd, ein Stoffwechselprodukt aller Pflanzen. Wird Kohlendioxid in Wasser gelöst, entsteht eine schwache Säure, die Kohlensäure. Sie ist der wichtigste chemische Faktor der Verwitterung in der Natur. Eben diese Wurzelsäuren sind in der Lage, krebsfördernde Schadstoffe aus Kunststoffen zu lösen. Achten Sie deshalb beim Kauf auf die Säurebeständigkeit des Kunststoffes.

Das Keimgerät aus gebranntem Ton

In Keimgeräten aus Ton wird ein natürliches Bodenklima geschaffen. Sie eignen sich besonders für alle Keimlinge, die immer Dunkelheit benötigen; also alle Keimlinge von Hülsenfrüchten und Getreidesamen. Der natürliche Werkstoff Ton mit wasserspeichernder Eigenschaft gibt Feuchtigkeit ab und garantiert ein gutes Keimklima. Wenn Sie mal vergessen, die Keimlinge zu wässern, bleiben diese trotzdem knackig-frisch. Aufgrund seiner feinporösen Struktur saugt der rote Naturton aber auch Stoffwechselprodukte auf, was mit der Zeit zu einem etwas unansehnlichen Äußeren führt. Einen Freund von "Natur pur" dürfte dies jedoch nicht stören. Der Tonkeimer ist durch Ersatzschalen beliebig erweiterbar und ein empfehlenswertes Haushaltsgerät.

13

Der ovale Keimer aus Keramik

Durch die hartgebrannte Glasur ist dieser Keimer besonders pflegeleicht. Die Keimfläche ist größer und deshalb besonders geeignet für gegrünte Keimlinge wie Alfalfa, Kresse, Sonnenblumenkerne, Rettich, Perserklee, Senf usw., die nach dem Ankeimen ohne Deckel indirektem Licht ausgesetzt werden. Aber auch Hülsenfrüchte und Getreidekeimlinge gedeihen hervorragend darin, weil durch die Dunkelheit im Innern natürliche Keimbedingungen wie im Erdboden geschaffen werden. Extra Belüftungskerben am Schalenrand sorgen für guten Luftaustausch. Auch hier kann mit zusätzlichen Schalen der Zimmergarten erweitert werden. Sogar eine mehrköpfige Familie kann sich mit einem Keramik-Keimer ausreichend versorgen. Die Glasur ist lebensmittelecht und spülmaschinenfest. In unserer Küche ist der Keramik-Keimer der beliebteste von allen.

Fehler beim Keimen

---

* Schlechtes Wasser mindert Ihren Keimerfolg
  Verwenden Sie notfalls gefiltertes Wasser.

* Beachten Sie genau die Einweichzeiten. Sowohl zu kurzes als auch
  zu langes Einweichen bringt nicht den gewünschten Erfolg.

* Die Samenkörner sind überaltert oder von schlechter Qualität und deshalb
  nicht mehr keimfähig.

* Verletzte Samenkörner beginnen zu gären und verderben alle anderen
  Keimlinge, deshalb vor dem Einweichen verletzte Samen aussortieren.

* Sie haben vergessen zu wässern, Ihre Keimlinge sind angetrocknet oder
  haben Schimmel angesetzt.

* Direktes Sonnenlicht hat Ihre Keimlinge ausgetrocknet. Suchen Sie einen
  günstigeren Platz mit indirektem Lichteinfall.

* Übervolle Keimschalen oder unzureichende Luftzufuhr haben die Schimmelbildung begünstigt. Von schleimbildenden Samen wie Kresse und Leinsaat
  weniger Saatgut in die Keimschalen füllen.

* Elektrische Strahlung aus Radio oder Fernseher, Erdstrahlen oder Strahlen-
  kreuzungen können ebenfalls einen Keimprozeß negativ beeinflussen.
  Versuchen Sie es an einem anderen Platz.

Wenn Sie alle Hinweise beachten, sauberes Geschirr verwenden und
mit Liebe Ihre Keimlinge pflegen, werden Sie viel Freude und Nutzen
beim Keimen und Genießen haben.

15

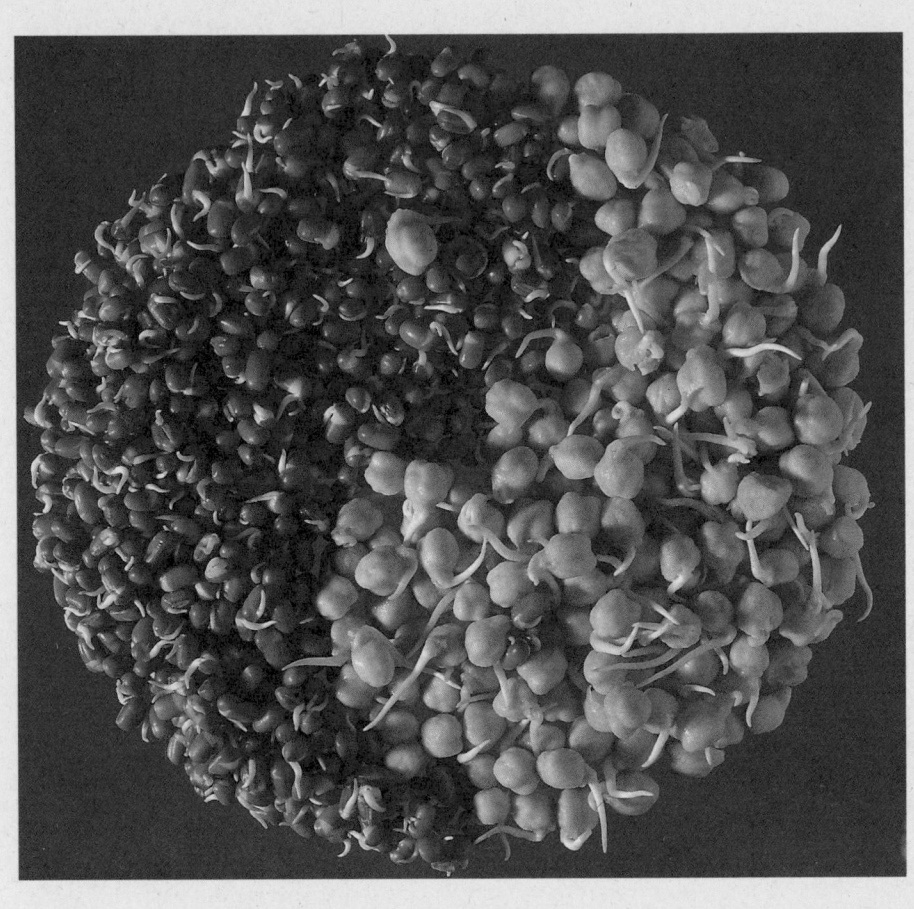

Die Hülsenfrüchte

Alle Hülsenfrüchte gehören zur Familie der Schmetterlingsblütler und sind hervorragende Proteinlieferanten. Diese getrockneten Früchte dienen seit alters her als Eiweißlieferanten und haltbare Reservenahrung für Notzeiten. Im Gegensatz zur tierischen Proteinquelle Fleisch enthalten Hülsenfrüchte mehr Protein, mehr Vitamine wie auch Mineralstoffe. Das Protein von Hülsenfrüchten in Verbindung mit Getreideprotein ergibt zudem eine höhere biologische Wertigkeit und enthält alle lebenswichtigen essentiellen Aminosäuren. Kohlehydrate von Hülsenfrüchten werden sehr langsam assimiliert und erhöhen den Blutzuckerspiegel nur geringfügig. Deshalb sind Bohnen, Linsen und Erbsen auch für Diabetiker ein empfehlenswertes Gemüse. Hülsenfrüchte sind als Keimlinge leichter verdaulich als in gekochtem Zustand, da ein Teil der Stärke während des Keimvorgangs in Zucker umgewandelt wurde. Der Vitamingehalt ist wesentlich angehoben und die Mineralstoffe befinden sich in einem leicht aufnehmbaren Zustand.

Keimlinge von Hülsenfrüchten stehen im Verdacht giftig zu sein. Tatsächlich enthalten Bohnenkerne, nicht jedoch die Mungbohne, einen Trypsin-Inhibitor. Dieser Stoff verhindert bei der Verdauung die Aufspaltung von Eiweiß. Werden Bohnen in rohem Zustand genossen, führt dieser Trypsin-Inhibitor zur krankhaften Veränderung der Bauchspeicheldrüse. Durch Keimen oder Kochen der Bohnenkeimlinge wird dieser Inhibitor abgebaut. Je länger der Keimprozeß dauert, desto mehr Inhibitorstoffe werden abgebaut. Das Blanchieren (kurzzeitiges Abkochen) von Bohnenkeimlingen ist nur bei einigen Bohnenarten (Mondbohnen, rote Nierenbohnen, Feuerbohnen) notwendig, die jedoch in der Vollwertküche nicht zum Keimen verwendet werden. Alle angegebenen Keimlinge können Sie unbedenklich roh verzehren, wenn Sie sich an die angegebenen Keimzeiten halten. Lassen Sie sich also in diesem Punkt nicht verunsichern. Hülsenfrüchte sind jahrelang haltbar. Je älter die Hülsenfrüchte sind, um so länger müssen sie eingeweicht werden.

Kichererbse
Cicer arietinum

Obwohl aus Asien stammend, wurde sie in der Vergangenheit auch in Süddeutschland angebaut und konnte in letzter Zeit durch südländische Gäste wieder hoffähig gemacht werden. In der indischen Küche ist Kichererbsenmehl Zutat in fast jedem Gebäck. Die ganze Erbse wird auch als Gemüse oder Suppeneinlage zubereitet. Kichererbsenkeimlinge enthalten viel Stärke, deshalb kann der Verzehr leicht zu Blähungen führen. Verzehren Sie Kichererbsenkeimlinge, solange sie noch jung sind.

Vitamine: A, B1, B2, B3, B6, B12, C, Folsäure

Mineralstoffe: Kalzium, Eisen, Kalium, Phosphor

Einweichzeit: 12 - 15 Stunden

Keimdauer: 3 Tage im Dunkeln

Bewässerung: 2 mal täglich

Verwendung: Als Zutat in Salaten mit Paprika, Tomaten oder auf japanische Art mit eingeweichten Meeresalgen.

Alle gekeimten Hülsenfrüchte sind:
- hervorragende Proteinlieferanten
- vitamin- und mineralstoffreich
- für Diabetiker geeignet
- reich an Ballaststoffen
- fettarm

19

Linse
Lens culinaris

Neben den Getreidearten gehören Linsen zu den ältesten Kulturpflanzen. Als nahrhafte Fastenspeise oder als Regionalgericht sind die braunen Linsen besonders in Süddeutschland beliebt. Sie eignet sich natürlich auch zum Keimen. In Indien sind die kleinen roten Linsen sehr geschätzt. Die grünen "Du Puy" Linsen, die um den Berg "Puy" in Frankreich angebaut werden, eignen sich jedoch am besten zum Keimen. Verzehren Sie Linsenkeimlinge, solange sie noch jung und zart sind.

Vitamine: A, B1, B2, B3, B6, B12, C, E, Panthothensäure

Mineralstoffe: Kalzium, Eisen, Kalium, Magnesium, Phosphor, Kupfer, Zink, Fluor, Selen

Einweichzeit: 8 Stunden

Keimdauer: 3 bis 4 Tage

Bewässerung: 2 mal täglich

Verwendung: Pur oder gemischt mit grünen Salaten.

Adzukibohne
Phaseolus angularis

Die rote Sojabohne wird hauptsächlich aus China und Japan importiert. Der Ernteertrag ist gering, entsprechend hoch ist ihr Preis. Das Mehl dieser süßen Bohnenart wird gern zur Herstellung von Gebäck und Süßspeisen verwendet. Sie ist die einzige echte Sojabohne, die sich zum Keimen eignet; deshalb finden Sie in diesem Buch keine Beschreibung der gelben Sojabohne. Sie wird in ihren Ursprungsländern nur für Sojamilch, Tofu oder als Mehl verarbeitet.

Nach dem 3. Keimtag hat sich der Kalziumgehalt der Adzukibohne bereits verdoppelt. Adzukibohnenkeimlinge dienen als Heilnahrung bei Milz- und Nierenkrankheiten und zur Stärkung des Bindegewebes. Besonders hoher Proteingehalt (25%).

Vitamine: A, B1, B2, B3, C

Mineralstoffe: Eisen, Magnesium, Phosphor, Kalium, Kalzium

Einweichzeit: 18 Stunden

Keimdauer: 4 Tage

Bewässerung: 2 mal täglich

Verwendung: in Salaten, pur, gemixt als Sprossenpüree

22

Mungobohne
Phaseolus aureus

Die wohl bekannteste Bohne unter den Keimlingen wird fälschlicherweise oft als grüne Sojabohne bezeichnet. Botanisch betrachtet gehört sie wie die meisten heimischen Bohnenarten zur Gattung Phaseolus, die Sojabohne jedoch zur Gattung Glycine. Mungobohnenkeimlinge sind ein bekannter Bestandteil der chinesischen Küche. Mungobohnen keimen problemlos und sind empfehlenswert, um anfangs Erfahrungen zu sammeln.

Vitamine: A, B1, B2, B12, C, E,
hoher Gehalt an Lysin und Lezithin

Mineralstoffe: Kalzium, Eisen, Kalium, Magnesium, Phosphor

Einweichzeit: 15 Stunden

Keimdauer: 3 bis 4 Tage im Dunkeln keimen

Bewässerung: 2 mal täglich

Verwendung: Pur, als Salat, gemischt mit anderen Salaten.

Die grünen Schalen enthalten von Natur aus Blausäure als Schutzstoff. Es empfiehlt sich, vor allem beim Verzehr größerer Mengen Mungobohnenkeimlinge die grünen Schalen mit einem kräftigen Wasserstrahl wenigstens teilweise abzuspülen.

Mungobohnenkeimlinge sind mit Wachstumshormonen ausgestattet, die besonders Kindern in der Wachstumsphase zugute kommen. Das enthaltene Lezithin ist hochwertige Gehirnnahrung für Schulkinder und Kopfarbeiter.

Das Getreide

Die Weisen Asiens haben es verstanden, aus Gräsern unsere heutigen Getreidesorten zu züchten. Somit konnte sich der Mensch vom Jäger und Sammler zum Ackerbau betreibenden Seßhaften entwickeln. Erst mit Hilfe der Getreidenahrung war für den Menschen die Basis für seine geistige Höherentwicklung gelegt.

Das Getreide strebt in seinem Wachstum dem Licht, dem Kosmos entgegen. Diese vom Korn aufgenommenen Lichtkräfte sollen den Menschen befähigen, seine Aufmerksamkeit nach "oben" zu lenken und sich zu öffnen für geistiges Wissen und ewige Wahrheiten.

Während Einkorn, Emmer, Dinkel, Roggen, Gerste und Hafer ursprüngliche Getreidearten sind, ist der Weizen eine relativ junge Züchtung mit hohem Anteil an Klebereiweiß. Gerade dieses Klebereiweiß macht Weizen bis heute zum idealen Backmehllieferanten, denn mit keinem anderen Mehl lassen sich mit Hilfe von Triebmitteln wie Hefe und Backpulver verlockende und raffinierte Backwaren herstellen. Wenn die wertvollsten Bestandteile wie Keim, Kleie und Randschichten aus dem Mehl ausgesiebt werden, ist das weiße Auszugsmehl aus reinen Kohlehydraten nur noch ein toter, isolierter, schädlicher Stoff.

Unser Täglich Brot ein Suchtmittel?
Und noch etwas sei hier enthüllt. Weizenmehlprodukte sind ein Suchtmittel wie Fleisch, Alkohol, Kaffee, Nikotin und andere Drogen. Wie oft höre ich den Satz: "Auf alles kann ich verzichten, nur auf mein Brot nicht". Der Grund ist folgender. Der menschliche Organismus ist durch alle ursprünglichen Lebensmittel geprägt und hat einen natürlichen Instinkt dafür entwickelt. Das heißt, daß der intakte Instinkt uns genau sagt, welches Nahrungsmittel und wieviel davon wir benötigen. Durch eine natürliche Instinktsperre sind wir in der Lage festzustellen, wann wir durch ein ein Lebensmittel ausreichend versorgt sind.

Ein praktisches Beispiel: Sie kommen an einem Gemüseladen vorbei und nehmen sehr intensiv den Duft von reifen Ananasfrüchten wahr. Ihr Instinkt sagt Ihnen durch diese gesteigerte Wahrnehmung, daß Ihr Körper nach Ananas verlangt. Sie geben diesem Verlangen nach und essen von der reifen Frucht, bis sie keinen Appetit mehr auf Ananas verspüren und die Instinktsperre eintritt. Meistens wird die Instinktsperre begleitet von körperlichen Reaktionen wie Zungenbrennen oder ungenügendem Speichelfluß.

Die Prägung des Menschen durch seine Nahrung erfolgte jedoch nicht durch neuere Züchtungen (z.B. Weizen) und erhitzte sowie künstlich veränderte Nahrungsmittel. Dies ist auch der Grund, weshalb bei Weizenmehlprodukten und gekochter Nahrung die natürliche Instinktsperre nicht eintritt und dann meistens zuviel kohlehydratreiche Nahrung gegessen wird. Der darauf folgende Säureüberschuß im Gewebe provoziert nun übermäßige Schleimbildung, um die Schleimhäute vor der Säureattacke zu schützen. Das Übermaß an Schleimstoffen ist wiederum Nährboden für allerlei Viren und Bakterien, die Infekte (Grippe, Stirn- und Nebenhöhlenentzündungen) hervorrufen können.

Eigentlich eignen sich nur die mineralstoffreichen, basenüberschüssigen Getreidesorten Amaranth, Quinoa, Dinkel, Hirse und Buchweizen für die thermische Zubereitung, da ihr basisches Milieu durch den Kochprozeß erhalten bleibt und nicht zur Säurenahrung degeneriert. Die beste Art der Getreidezubereitung ist und bleibt jedoch das Keimen, um Übersäuerung (Azidose), Schleimbildung und Infektionen zu vermeiden. Im Keimprozeß werden Kohlehydrate im Getreidekorn teilweise abgebaut, verdauungsfördernde Enzyme gebildet und Vitamine vermehrt, sodaß ein hochwertiges Lebensmittel entsteht, das den Körper nährt, den Stoffwechsel fördert und nicht zusätzlich mit Säureschlacken belastet. Getreidekeimlinge sind auch vorzügliche Mineralstoff- und Vitamin-B Lieferanten, also Nervennahrung "par excellence" und in einer hektischen und schnellebigen Zeit, wie wir sie gegenwärtig erleben, wichtiger denn je.

Weizen
Triticum aestivum

Er ist eine aus dem asiatischen Urkorn "Emmer" gezüchtete Getreideart. Anscheinend wurden auch noch andere Getreidearten eingekreuzt. Wegen seines hohen Kleberanteils ist Weizen zum wichtigsten Backgetreide aufgestiegen. Weizen sollte wegen seines hohen Kohlehydratanteils nicht mit Obst zusammen gegessen werden. Die Kohlehydrate werden durch den im Obst enthaltenen Zucker zur Gärung gebracht, wobei Alkohol, Gase und giftige Gärungssäuren entstehen, die vielen Krankheiten Tür und Tor öffnen. Nicht erhitzte Weizenkeimlinge sind eine ideale Gehirnnahrung und Heilnahrung bei Vitamin-B-Mangelerscheinungen (eingerissene Mundwinkel), Streß und nervlicher Beanspruchung.

Vitamine: C, B1, B2, B3, B5, B6, B9, E, Carotin, Pantothensäure

Mineralstoffe: Kalium, Phosphor, Eisen, Kupfer, Zink, Kalzium, u. a.

Einweichzeit: 8 - 12 Stunden. Das Einweichwasser ist ein wertvolles Getränk.

Keimdauer: 2 - 3 Tage

Bewässerung: 2 mal täglich

Verwendung: pur oder gemischt in Salaten. Auch für Diabetiker geeignet.

Weizengrassaft
Medizin für ein neues Zeitalter

Die andere Art Weizen vorteilhaft zu nutzen ist, den eingeweichten Weizen auf Erde oder in einem speziellen Keimgerät bis zum Grasstadium auswachsen zu lassen. Aus diesem Grün wird "Weizengrassaft" gewonnen, ein Pflanzensaft mit revolutionären Wirkungsweisen und ungeahnten Verwendungsmöglichkeiten, der für das "Atomzeitalter" wie geschaffen scheint. Widmen Sie sich bitte sehr aufmerksam diesem Thema. Die Bedeutung werden Sie rechtzeitig erkennen. In der Vergangenheit haben wir aus Gewohnheit nur die Samen der Grasgewächse, zu denen alle Getreidepflanzen gehören, als Nahrungsmittel angesehen. Dabei haben wir vergessen, welch ein Segen im Grün der Gräser selbst enthalten ist. Wenn Tiere ausschließlich mit Gras gesund bleiben, von der Geburt bis zum Tod, dann ist Pflanzengrün für den Menschen, mit dem am höchsten entwickelten "Tierkörper", die optimale Nahrung. Von über 4700 bekannten Grasarten, angefangen von meterhohen, tropischen Gräsern bis zum kargen Tundragras, ist nicht eine Grasart giftg. Weizengras speichert mittels Photosynthese reine Sonnenenergie in Form von Chlorophyll. In der Tat ist dieser grüne Pflanzensaft dem menschlichen Blute sehr ähnlich und weist schon dadurch auf seine wichtigste Wirkungsweise hin, nämlich Grundstoff für Blutbildung und Blutgesundheit zu sein. Genossen wird nur der Saft, die Faserstoffe sind unverdaulich. Das Weizengras wird gekaut und das Chlorophyll über die Schleimhäute in Mund und Magen aufgenommen, die unverdaulichen Grasfasern werden ausgespuckt. In der Chlorophyll-Therapie werden Weizengrassaftmengen in Portionen bis zu 150 g verwendet, die mit einer speziellen mechanischen Saftpresse gewonnen werden.
Da die Reinigungswirkung des Chlorophyllsaftes enorm stark ist, beginnt der Einstieg mit 1-2 Teelöffel pro Einnahme. Mehr würde zu starken Entgiftungsreaktionen und damit zu Übelkeit führen.

Dr. Earp Thomas vom Bloomfield Laboratorium in New Jersey isolierte aus dem frischen Weizengrassaft über hundert Stoffe, darunter alle bekannten Mineralstoffe, in höherer Konzentration als im Samen selbst. Im Vergleich zu Kuhmilch ist der Kalziumgehalt in Grassaft fast gleich hoch. Der Eisengehalt ist im Vergleich zum Spinat fünfmal höher. Vom Verjüngungs- und Fruchtbarkeitsvitamin E ist im Weizengrassaft zehnmal mehr enthalten als in Spinat oder Blattsalat. Weizengrassaft enthält 21 % vollwertiges Protein mit allen lebenswichtigen Aminosäuren. Die hohe Enzymkonzentration fördert den gesamten Stoffwechsel. Dies ist enorm wichtig für die zivilisationskostgeschädigte, krebs- und aidsanfällige Menschheit. Besonders das geheimnisvolle Enzym P4D1 im Weizengrassaft ist in der Lage, eine Stimulation des DNA-Reparatursystems in den Fortpflanzungszellen zu bewirken. Enzyme mindern zellschädigende Einflüsse radioaktiver Strahlung, bremsen den Alterungsprozeß, stabilisieren das Immunsystem und wirken dem Krebsgeschehen entgegen. Diejenigen die erkannt haben, in welcher Zeit wir heute leben, erahnen den Segen, der im grünen Pflanzensaft liegt.

31

Bereits im alten China wurde im Frühjahr Weizengras als Stärkungsmittel und zur Blutreinigung verwendet. Auch die moderne Wissenschaft erbringt uns (wie für viele althergebrachte Heilmittel) den Beweis für die einmalige Qualität des Weizengrassaftes.

Weizengrassaft
* fördertdie Funktion des Herzens und aller anderen Organe!
* wirkt dem Krebsgeschehen entgegen!
* mobilisiert das Immunsystem!
* korrigiert den Säuren-Basenhaushalt im Blut!
* reinigt das Blut und fördert die Heilung von Blutkrankheiten!
* dient der Verjüngung und Fruchtbarkeit!
* klärt die Haut und schafft Schönheit von innen!
* reinigt den Darm und fördert ein gesundes Darmmilieu!
* entgiftet das Zahnfleisch und festigt die Zähne!
* versorgt das Gehirn und befähigt zu geistigen Höchstleistungen!
* bekämpft schlechten Mundgeruch!
* unterstützt die innere Reinigung beim Fasten!
* fördert die Heilung von Verbrennungen und Wunden!
* vermindert Schäden radioaktiver Strahlung!
* heilt Allergien aufgrund der enormen Blutreinigungskraft!
* hilft Schwermetalle auszuscheiden!

Deshalb und aus tausend anderen Gründen wird Weizengrassaft als "vollkommenes Lebensmittel" bezeichnet.
In meinem Buch "Weizengrassaft - Medizin für ein neues Zeitalter" erfahren Sie alles wichtige über die vielseitige Verwendung von Weizengrassaft, mit Anleitungen zur Anpflanzung von Weizengras zuhause auf dem Fensterbrett und dem notwendigen Hintergrundwissen. Dieses Wissen kann für Sie in Zukunft von großer Bedeutung sein.

33

Buchweizen

Fagopyrum esculentum

Buchweizen gehört zu den Knöterichgewächsen, kann aber wie Getreide behandelt werden. Er gedeiht auf kargen Böden und wird vorwiegend im Osten angebaut. Buchweizen ist stark basisch und kann unbedenklich in gekochter Form zubereitet und genossen werden, ohne das Blut zu säuern. Mit der Aminosäure Lysin weist Buchweizen eine vollständige Proteinzusammensetzung auf und ist mit einem Proteingehalt von 16 % ein vollwertiges Lebensmittel. Buchweizenkeimlinge dienen der Muskel- und Nervenstärkung. Vitamin C und Rutin sorgen für die Gesunder- haltung der Venen. Bei Blasen- und Nierenleiden sind Buchweizen- keimlinge Heil- und Aufbaunahrung zugleich. Zum Keimen werden die geschälten Samen verwendet. Für die Anzucht von Buchweizengras werden ungeschälte Samenkörner bevorzugt.

Vitamine: C, B1, B2, B3, E, Rutin

Mineralstoffe: Eisen, Kalium, Mangan, Magnesium, Phoshor, Kupfer, Kalzium, Fluor, u. a.

Einweichzeit: nur in der Keimschale anfeuchten

Keimdauer: 2 - 3 Tage

Bewässerung: 2 mal täglich

Verwendung: pur oder in Salaten gemischt, als Vitamin-Mix, zusammen mit Kräutern und Gemüsen gemixt. Vor dem Verzehr Schleimstoffe abspülen.

Dinkel
Triticum spelta

Jede Getreideart hat eine Besonderheit aufzuweisen. Der Dinkel nimmt unter den Getreidesorten wegen seiner starken Ordnungskräfte eine Sonderstellung ein, weshalb Dinkelkeimlinge in der Krebstherapie empfohlen werden. Im Anbau reagiert Dinkel negativ auf synthetische Dünger. Er läßt sich nicht manipulieren wie andere Getreidearten. Das Urkorn Dinkel gehört wie Buchweizen und Hirse zu den basenreichen, nichtsäuernden Lebensmitteln. Zum Backen sollten Sie vorwiegend Dinkelmehl verwenden.

Vitamine: C, B1, B2, B3, B5, B9, E, Carotin, Pantothensäure

Mineralstoffe: Kalium, Phosphor, Eisen, Kupfer, Zink, Kalzium u. a.

Einweichzeit: 12 Stunden

Keimdauer: 3 - 4 Tage

Bewässerung: 2 - 3 mal täglich mit kaltem Wasser

Temperatur: Dinkel verlangt eine niedrigere Keimtemperatur. Am besten gedeihen Dinkelkeimlinge im gut gewässerten Tonkeimer.

Verwendung: pur oder im Salat, auch als Vitamin-Mix mit Kräutern und Gemüsen

Dinkel ist eine hervorragende Aufbau- und Heilnahrung!

Hafer
Avena sativa

Tatsächlich wird Hafer mit 14-16 % Eiweiß und 7,5 % Fett zurecht als Kraftnahrung gerühmt und kann dem Körper reichlich Energie und Wärme zuführen. Wegen seiner schleimbildenden Kohlehydrate und seiner Bekömmlichkeit ist er gerade bei Magen- Darmerkrankungen ein geeignetes Diätetikum. Diabetiker vertragen Hafer mit seinem Fructosezucker besser als andere Getreidesorten. Ausdauersportler schätzen am Hafer den Reichtum an Mineralstoffen. Haferflocken sollten frisch gequetscht, nur leicht angewärmt und gequollen zubereitet werden. Hafer ist von Natur aus ein Spelzgetreide. Zum Keimen werden spelzfreie Züchtungen von Nackthafer oder Sprießkornhafer verwendet. Haferkeimlinge dienen der Kräftigung der Haare und feuern das Temperament an.

Vitamine: A, B1, B2, B3, C, E, Carotin

Mineralstoffe: Eisen, Kupfer, Fluor, Kalzium, Magnesium, Jod, Silizium, Zink

Einweichzeit: 4 Stunden

Keimdauer: 2-3 Tage

Bewässerung: 2 mal täglich

Verwendung: pur oder in Salate gemischt

Gerste
Hordeum vulgare

Bevor die Neuzüchtung Weizen sich in aller Welt verbreitete, war Gerste neben Reis wichtigstes Grundnahrungsmittel. Aus Mangel an Klebereiweiß war dieses Korn nicht zum Backen geeignet. Das ganze Korn wurde entweder gekocht oder das gemahlene Korn zu Brei oder Fladen verarbeitet. Die kieselreiche Gerste ist ein bekanntes Kräftigungsmittel besonders bei Überanstrengung und in der Rekonvaleszenz. Sie stärkt Lungen, Bindegewebe, Bandscheiben und den ganzen Haltungsapparat. Zum Keimen wird die spelzfreie Sprießkorngerste verwendet.

Gerstengrassaft wird speziell in der Krebstherapie zur Behandlung von Brustkrebs eingesetzt.

Vitamine: A, B1, B2, B3, B6, C, E, H

Mineralstoffe: Eisen, Mangan, Magnesium, Kupfer, Kalzium, Natrium, Kalium, Phosphor, Jod, Silzium, Zink

Einweichzeit: 12 Stunden

Keimdauer: 2 bis 3 Tage

Bewässerung: 2 mal täglich, Staunässe vermeiden

Verwendung: pur, in Salate gemischt, gemixt mit Karottensaft

41

Hirse
Panicum miliaceum

Mit einem hohen Anteil an Kieselsäure ist Hirse zur besseren Versorgung und Kräftigung der Haare, Fingernägel, Zähne und auch der Haut eine willkommene Getreidenahrung. Der Vitamin A-Gehalt hilft die Sehkraft zu verbessern. Als basenüberschüssiges Getreide ist Hirse zur Zubereitung von warmen Gerichten wie Hirsebrei, Hirseauflauf oder als Beilage den kohlehydratreichen Getreidearten vorzuziehen. Die leicht verdauliche Hirse ist angekeimt besonders zu empfehlen. Angekeimte Körner können mit Karottensaft im Mixer zu einem Kalzium-Drink verflüssigt werden.

Vitamine: A, B-Komplex

Mineralstoffe: Eisen, Phosphor, Kalium, Kalzium, Fluor
Schwefel, Magnesium, Natrium, Kieselsäure

Einweichzeit: 10 Stunden

Keimdauer: 3 Tage

Bewässerung: 2 bis 3 mal täglich

Verwendung: pur, im Salat, gemixt mit Säften.

Hirsekeimlinge
sind basenreiche Heilnahrung
bei allen Hautproblemen und
Hautkrankheiten!

42

Keimlinge haben keine Saison

Ein Keimgerät als Zimmergarten versorgt Sie zu jeder Jahreszeit mit Frischgemüse und Grünsalaten; so frisch, wie Sie es beim Gemüsehändler nicht bekommen können. Als delikate Beikost werten Keimlinge jeden Salat auf und machen ihn zum wichtigsten Gang einer Mahlzeit. Keimlinge auf Vollkorntoast mit Käse überbacken sind eine willkommene Zwischenmahlzeit oder Vorspeise. Kleingeschnittene Sprossen von Kressen, Senf und Rettich veredeln jede Kräutersoße. Kalte Suppen sind im Sommer sehr beliebt und können mit einer Gemüsebrühe, Keimlingen und Kräutern im Mixer schnell zubereitet werden.

In der kalten, frischkostarmen Jahreszeit, wenn hauptsächlich nur Wurzel- und Knollengemüse angeboten werden, haben Keimlinge Hochsaison und versorgen uns mit fitmachenden Vitalstoffen. Alle chlorophyllspeichernden Sprossen werden dann die letzten zwei Tage ans Fensterbrett gestellt, um Sonnenenergie in Form von Pflanzengrün zu speichern. Dies kommt vor allem der Blutgesundheit zugute; und wenn das Blut rein ist, ist der ganze Mensch gesund. Alle anderen Keimlinge aus Getreide und Hülsenfrüchten liefern vollwertiges Protein, leicht verwertbare Kohlehydrate, lebenswichtige Mineralstoffe, und Vitamine und, nicht zu vergessen, die unersetzlichen Enzyme zur Steuerung des Stoffwechsels.

Die Ölsaaten

Aus Amerika kommen ursprünglich die beliebten Sonnenblumenkerne. In Indien kennt man den Sesam und in den gemäßigten Zonen den Lein. Eines haben sie alle gemeinsam: Sie enthalten viel Öl (zwischen 25 und 60 %) mit einem hohen Anteil an ungesättigten Fettsäuren und einem überdurchschnittlich hohen Proteingehalt. In allen Kulturen wurden sie nicht nur als Lebensmittel und Öllieferanten, sondern innerlich wie äußerlich auch als Heilmittel verwendet.

Übermäßiger Fleischkonsum und Streß führt bei vielen Menschen zu krankhaften Cholesterinablagerungen in den Blutbahnen und Herzkranzgefäßen bis hin zu lebensbedrohenden Verengungen. In solchen Fällen ist vorwiegend vegetabile Rohkost mit hohem Anteil an ungesättigten Fettsäuren empfohlen, wie sie in gekeimten Ölsaaten zu finden sind. Hochungesättigte Fettsäuren fördern Zellatmung und Zellentgiftung, sind also wichtige Zellschutzstoffe. Die verdauungsfördernde Wirkung von Ölsaatenkeimen ist eine begrüßenswerte Begleiterscheinung.

Ölsaaten aus konventionellem Anbau wurden mit Kunstdünger gezogen und speichern deshalb besonders viel von dem unerwünschten Schwermetall Cadmium. Verwenden Sie deshalb nur auf Cadmium kontrollierte Ölsaaten aus kontrolliert-biologischem Anbau.

Leinsaat
Linum usitatissimum

Neben der faserreichen Leinart, die zur Herstellung von Leinengewebe angebaut wird, ist für uns nur der stark ölhaltige Speiselein (40% Öl mit 75% ungesättigten Fettsäuren) interessant. Leinsamentee beruhigt mit seinen Schleimstoffen entzündete Magen- und Darmschleimhäute. Leinsamenkompressen aus geschrotetem Leinsamen und heißem Wasser bringen Geschwüre und Furunkel zum Abheilen. Bei Verdauungsbeschwerden erleichtert Leinsamen die Darmtätigkeit. In der Krebstherapie wird natives Leinsamenöl mit seinen hochungesättigten Fettsäuren in Verbindung mit Quark zur Zellstärkung geschätzt. Bei Herzkrankheiten, Arteriosklerose und Störungen der Pankreas ist Leinsamen als Therapeutikum angeraten.

Vitamine: E, F, K
neben Weizenkeimlingen höchster Vit.-E Gehalt

Mineralstoffe: Eisen, Kalzium, Kupfer, Magnesium, Phos.,Jod

Einweichzeit: ohne einzuweichen in der Keimschale wässern

Keimdauer: 2 bis 3 Tage

Bewässerung: 1 bis 2 mal täglich, am besten nur besprühen

Verwendung: für Salate oder Müsli; auch für kalte Suppen,
mit Keimlingen, Kräutern und Wasser im Mixer
verflüssigt.

Sesam

Sesamum indicum

Sesam ist die älteste, vom Menschen angebaute Ölsaat. Die kostbaren, kleinen Samenkerne enthalten ungefähr 50% Öl mit einem Anteil von 42% ungesättigten Fettsäuren. In Asien, dem Ursprungsland des Sesam, wird Sesamöl zur Speisenzubereitung, als Würzmittel und in Form von Ölbehandlungen zur Heilung verwendet. Sesamöl enthält die natürlichen Antioxidantien Sesamol und Sesamolin und ist deshalb besonders lange haltbar. Der hohe Lecithingehalt fördert das Denkvermögen; der Reichtum an Kalzium fördert die Knochen- und Zahnbildung. Aus diesen Gründen sind Sesamkeimlinge besonders für Schulkinder und Kinder in der Wachstumsphase eine wichtige und empfehlenswerte Beikost.

Vitamine: A, B1, B2, B3, C, E, F

Mineralstoffe: Kalzium, Nickel, Eisen, Kalium, Magnesium, Mangan, Phosphor

Keimdauer: 2 bis 3 Tage; ältere Keimlinge bilden Bitterstoffe

Einweichzeit: 4 Stunden

Bewässerung: 2 mal täglich

Sonnenblume
Helianthus annus

Seit Jahrtausenden gilt die Sonnenblume bei den Indianern als Wahrzeichen des Sonnengottes. Im 16. Jahrhundert zog die Sonnenblume als Zierpflanze in europäische Gärten ein. Erst 300 Jahre später wurde die kleinköpfige Sonnenblume zur Ölgewinnung kultiviert. Die großblütigen Formen, deren Kerne man auch zum Keimen verwendet, werden für den Verzehr geschält und finden sich wieder in Müslimischungen und Studentenfutter. Die Sonnenblume liefert eine der ölreichsten Saaten mit einem Ölgehalt bis zu 47%, mit 65% mehrfach ungesättigter Linolsäure. Der Proteingehalt liegt bei 27% und enthält alle essentiellen Aminosäuren. Zur Anzucht von Sonnenblumengrün werden ungeschälte Samenkerne verwendet. Sie sollten 24 Stunden eigeweicht werden.

Vitamine: A, B1, B2, B3, besonders viel Vitamin E

Mineralstoffe: Eisen, Kupfer, Kalium, Kalzium, Phosphor, Magnesium

Einweichzeit: 4 Stunden; es empfiehlt sich, gebrochene Kerne auszulesen

Keimdauer: 2 bis 3 Tage

Bewässerung: 2 mal täglich

Verwendung: in Müsli, Salaten, gemixt in Salatdressings

Rettich
Raphanus sativus

Rettich gehört ebenfalls zu den alten Kulturpflanzen, die über Asien zu uns gekommen sind. Nicht nur die Wurzel, auch die jungen Blätter aller Retticharten können zubereitet werden. Rettichkeimlinge enthalten wie Kresse und Senf schwefelhaltige Senföle, die als natürliches Antibiotikum wirken und für die würzige Schärfe verantwortlich sind. Ihr Genuß wirkt appetitanregend, harntreibend, leberstärkend, desinfizierend, löst Schleimablagerungen aus Darm und Atmungsorganen und reinigt die Gallenwege. Rettichkeimlinge, zusammen mit Buchweizenkeimlingen wirken der Glatzebildung entgegen und fördern den Neuwuchs von Kopfhaaren. Radieschenkeimlinge sind milder und deshalb auch für Magenempfindliche eine gute Ergänzung zur täglichen Nahrung.

Vitamine: A, B1, B2, B3, C

Mineralstoffe: Kalium, Kalzium, Eisen, Phospor, Kupfer, Natrium

Einweichzeit: 6 Stunden

Keimdauer: 3 Tage im Dunkeln (würzig)
6 bis 8 Tage (scharf-würzig), die letzten Tage
zum Grünen ans Licht stellen

Bewässerung: 2 mal täglich

Verwendung: gemischt mit anderen Sprossen und Salaten, auf
Butterbrot, kleingeschnitten in Salatdressings

Senf
Sinapis alba

Von China über Indien bis einschließlich Europa ist Senf verbreitet. Der Naturgärtner schätzt das junge Senfkraut als Gründünger. Senfsamen sind die Grundlage zur Herstellung von Senfpulver und Speisesenf. Saure Gurken, Kürbis, Gemüse und Hülsenfrüchte können mit Senfkörnern gewürzt werden. Zur Verdauungsförderung werden Senfkörner mit Flüssigkeit eingenommen. Senfsprossen haben eine vielseitige Wirkung auf unseren Organismus. Die Produktion der Verdauungsäfte wird gefördert, der Appetit angeregt, der Magen gestärkt, die Harnwege gereinigt und die Darmflora regeneriert.

Vitamine: A, B, B1, B2, viel C

Mineralstoffe: Natrium, Kalium, Kalzium, Eisen, Phosphor, Schwefel

Einweichzeit: 6 Stunden

Keimdauer: 2 bis 3 Tage im Dunkeln keimen oder bis zu 6 Tagen keimen, bevor man sie die letzten Tage zur Grünung ans Licht stellt

Bewässerung: 2 mal täglich

Verwendung: wegen der würzigen Schärfe nur gemischt mit anderen Sprossen und Salaten; auf Vollkornbrot

Keimlinge sind ein perfektes Lebensmittel

Sie garantieren die optimale Versorgung mit Nährstoffen, sind leicht verdaulich, blähen nicht, hinterlassen keine Schlacken und säuern nicht das Blut. Im Zusammenhang mit Krebserkrankungen wurde festgestellt, daß immer Azidose (Übersäuerung), Vitaminmangel und Mineralstoffmangel einhergehen.

Aufgrund ihres Basenreichtums, wertvollen Mineralstoff- und Vitamingehalts und hohen Enzymaktivität sind Keimlinge im vorbeugenden Sinne eine ausgesprochene Antikrebsnahrung.

Sie reinigen das Blut, sorgen für eine ausreichende Zellatmung und wirken verjüngend von innen, tragen zur Regenerierung der Darmflora bei und schaffen ein frohes Gemüt.

Ernest T. Krebs vertritt als Biochemiker die Ansicht, daß Keimlinge bösartigen Tumoren entgegenwirken. Keimlinge enthalten Nitroliside, bei deren Spaltung Cyanid und Benzaldehyd freigesetzt werden. Normale Körperzellen können sich vor diesen agressiven Stoffen schützen, Krebszellen jedoch nicht.

Im Eigenversuch hat Frau Dr. Nolfi bewiesen, daß Rohkost das Wachstum von Krebszellen hemmt, totgekochte Nahrung das Krebszellenwachstum fördert. Und wieder erst einige Zeit später brachte die vielgepriesene Wissenschaft den Beweis, daß die Vitamine A und C krebshemmende Wirkung besitzen.

Die Kleearten

Einige Kleearten haben sich als vitalstoffreiche Keimsaaten in der Vollwertküche erwiesen. Sie werden mit Ausnahme von Bockshornklee bis zur Blattbildung gezogen und zur Grünung indirektem Sonnenlicht ausgesetzt. Alfalfa und Perserklee können Grünsalate vollkommen ersetzen und weisen einen höheren Vitamin- und Mineralstoffgehalt auf. So enthalten 100 g Alfalfasprossen 1 200 mg Kalzium und liefern somit schon den doppelten Tagesbedarf.

Die Entkalkungskrankheit "Osteoporose" ist im Vormarsch und mahnt eindringlich, auf eine gesicherte Kalziumversorgung zu achten. Buchweizenkeimlinge und Sesamkeimlinge sind weitere excellente Kalziumlieferanten. Mit 100 g Alafalfasprossen wird auch der Tagesbedarf des wichtigen Blutbildungsvitamin B12 gedeckt, von dem man glaubte, daß es sich nur im Fleisch befindet. Besonders für Vegetarier kann es wichtig sein, sich dieser B12-Quelle zu bedienen.

Im Gegensatz zu allen im Dunkeln gekeimten Keimlingen enthalten die gegrünten Kleearten wertvolles Chlorophyll zur Regeneration des gesamten Organismus. Der grüne Pflanzenfarbstoff ist eines der besten Immunstärkungs-, Blutbildungs- und Blutreinigungsmittel, die es überhaupt gibt. Die moderne Zivilisationskost ist arm an grünen, lebensfördernden Lebensmitteln; entsprechend verbreitet sind Zivilisationskrankheiten wie Krebs, Arteriosklerose, Immunschwäche und Multiple Sklerose, bei denen ein gestörter Stoffwechsel im Vordergrund steht.

Siehe Kapitel "Weizengrassaft - Medizin für ein neues Zeitalter".

Alfalfa
Medicago sativa

Alfalfa, die bei uns auch als Luzerne bekannte Kleeart, ist die beliebteste Keimsaat zum Grünen. Mit ihrem enormen Närstoffreichtum ist Alfalfa eine der wichtigsten lebendigen Nahrungsmittel, die wir selbst ziehen können. Herausragend ist der hohe Kalziumgehalt für gesundes Knochenwachstum und Zahnbildung, Nervenzellenregeneration und gute Haarstruktur. Als Tiefwurzler speichert Alafalfa viel Stickstoff und erklärt den hohen Proteingehalt (20%) mit allen essentiellen Aminosäuren. Alfalfa enthält nach Weizengras am meisten regenerierendes Chlorophyll, das zu den wichtigsten Vitalstoffen gezählt werden kann.

Vorwiegend der hohe Gehalt an Vitamin A und Vitamin C macht Alfalfa zum idealen Hautreinigungs- und Immunstärkungsmittel.

Vitamine: A, B1, B2, B3, B5, B6, B12, C, D, E, H, K

Mineralstoffe: Phosphor, Kalzium, Eisen, Magnesium, Kupfer,

Einweichzeit: 4 Stunden

Keimdauer: 8 bis 10 Tage, frühestens am 7. Tag nach dem Abbau des natürlichen Schutzstoffes "Canavanin" ernten.

Bewässerung: 2 mal täglich, Staunässe vermeiden

Verwendung: pur als Salat oder gemischt mit anderen Salaten und Keimlingen

Bockshornklee

Trigonella foenum-graecum

In Australien wird Bockshornklee noch heute als Gemüsepflanze angebaut, so wie es in Indien schon immer Tradition war. Die gemahlenen Samen sind auch Zutat für Curry-Gewürz. In der Volksheilkunde finden gemahlene Bockshornkleesamen, mit Wasser angerührt, Verwendung als Umschläge bei Entzündungen, Geschwüren, Drüsenschwellungen und Furunkeln, um Gifte aus dem Körper herauszuziehen. Keimlinge von Bockshornklee aktivieren die Entgiftungs- und Ausscheidungsorgane, steigern die Abwehrkräfte, eignen sich als Appetitanreger und zur Gewichtszunahme, gelten als Heilnahrung bei Diabetes und als Kräftigungsmittel bei überstandener Krankheit. Durch den Saponingehalt wirken Bockshornkeimlinge vorteilhaft auf die Atemwege und gelten in der indischen Heilkunde als natürliches Aphrodisiakum.

Vitamine: A, B1, B2, B3, B5, C, D

Mineralstoffe: Eisen, Phosphor

Einweichzeit: 12 Stunden

Keimdauer: 3 bis 5 Tage, im Dunkeln ankeimen

Bewässerung: 1 bis 2 mal täglich

Verwendung: pur oder gemischt mit anderen Sprossen und Salaten

Kresse
Lepidium sativum

Die schnellwüchsige Gartenkresse ist ein typisches Winter- und Frühjahrsgewächs, um in der kalten und lichtarmen Jahreszeit die Immunkräfte mit Vitamin C zu stärken. Wie alle Kreuzblütler enthält die Kresse scharfe Senföle mit hohem Schwefelgehalt, die der Reinigung des Blutes dienen. Diese Reinigungswirkung hat einen positiven Einfluß besonders bei Gicht und rheumatischen Erkrankungen. Auch die Ausscheidungsorgane werden aktiviert um die gelösten Schlacken besser ausleiten zu können. Kressesamen haben die Eigenart, besonders viel Schleimstoffe abzusondern um darin Feuchtigkeit zu speichern. Zur Verhütung von Schimmelbildung dürfen deshalb weniger Samen in die Keimschalen eingesät werden. Kresse kann auch in einem Teller auf einem feuchten Baumwolltuch gezogen werden.

Vitamine: A, B1, B2, B3, B6, C, D

Mineralstoffe: Kalium, Kalzium, Eisen, Jod, Phosphor

Einweichzeit: 4 Stunden

Keimdauer: 7 bis 8 Tage; auf ausreichende Luftzufuhr achten

Bewässerung: nur jeden 2. Tag. Staunässe vermeiden, eventuell nur leicht besprühen

Verwendung: als Belag auf Butterbrot, mit Zwiebelwürfeln als Salat, in Kräutersoße, mit anderen Salaten gemischt

Amaranth
Amaranthus hypochondriacus

Als der Spanier Cortez Südamerika eroberte, verbot er den Inkas und Azteken den Anbau ihres Grundnahrungsmittels Amaranth, aus dem die Urbevölkerung ihre mystischen Kräfte zu bekommen glaubte. Tatsächlich ist es ein wundersames Samenkorn. Der Gehalt der essentiellen Aminosäure Lysin ist beinahe doppelt so hoch als im Weizen. Die Samen, von denen ein- bis dreitausend Körner nur 1 g wiegen, finden Verwendung als Getreidenahrung. Für sich allein besitzt Amaranth eine hohe biologische Wertigkeit (75%). In Kombination z. B. mit Dinkel ergibt sich eine ideale Proteinzusammensetzung mit einer biologischen Wertigkeit von nahezu 100%. Diesen Vorteil können Vegetarier im besonderen nutzen. Amaranth ist glutenfrei, verzögert den Alterungsprozeß, hilft Magengeschwüre heilen, wirkt mit seinem Lezithingehalt nerven- und gedächtnisstärkend.

Vitamine: A, B1, B2, B3, C   -   Lezithin

Mineralstoffe: Kalzium, Eisen, Magnesium, Kupfer, Phosphor

Einweichzeit: 4 Stunden

Keimdauer: 4 bis 5 Tage im Dunkeln keimen;
eventuell 1 bis 2 Tage ans Licht stellen

Bewässerung: zweimal täglich. Staunässe unbedingt vermeiden;
eventuell 2 mal täglich besprühen

Spektakuläre Rezepte zur Zubereitung benötigen Sie nicht.

Es wäre töricht und unökonomisch, die mit Sorgfalt und Liebe gezogenen Keimlinge vorwiegend zum Kochen, Dünsten oder Backen zu verwenden. Die wertgebenden Eigenschaften liegen im Rohverzehr, damit die lebensfördernden Wirkstoffe von Vitaminen, Enzymen und Mineralstoffen voll und ganz genutzt werden können.

Die Zubereitung von Keimlingen ist einfach und fordert nur ein wenig Phantasie in der Zusammenstellung von Salatmischungen und Zubereitung von geeigneten Soßen. Im folgenden einige Rezepte als Anregung für Ihre eigenen Kreationen.

Sojanaise
150 g Sojamilch, 150 g Tofu, 1 Eßl. Zitronensaft, 3 Eßl. natives Sonnenblumenöl, 1 Teel. Meersalz, 1 Prise Pfeffer.
Zubereitung: Alle Zutaten im Mixer zu einer sämigen Soße rühren. Dazu passen auch Kräuter wie Dill, Petersilie, Schnittlauch, junge Brennesseltriebe, Bärlauch, junge Löwenzahnblätter, Fenchelkraut.

Aurorasoße (Tomatensoße mit Basilikum)
200 g geschälte Tomaten*, 1 Teel. Kräutersalz, 3 Eßl. natives Olivenöl, 1 Prise Pfeffer, 1 Eßl. Zitronensaft, 15 frische Basilikumblätter, 1 Eßl. Rettichkeimlinge, 1 Teel. Meerrettich ungeschwefelt.
Zubereitung: wie Sojanaise.

* Tomaten mit einem Kreuzschnitt versehen, 10 Sekunden in reichlich kochendem Wasser brühen, sofort mit kaltem Wasser abschrecken, schälen.

Avocadosoße
120 g Avocadofruchtmark, 100 g Wasser, 10 Tropfen Zitronensaft,
1/2 Teel. Kräutersalz, 1 Teel. geschnittene Dillspitzen, 1 Messerspitze
Knoblauch, 1 Prise Pfeffer oder 6 Tropfen Pfeffer-Würzöl.
Zubereitung: wie Sojanaise.

Mitame-Soße
1 gestrichenen Eßl. Mebosipaste, 2 Eßl. Tahin ohne Salz, 1 Eßl.
Misopaste, 100 g Wasser, 2 Eßl. natives Sesamöl, 1/2 Knoblauchzehe,
2 Eßl. Schnittlauch.
Zubereitung: alle Zutaten mit dem Schneebesen verrühren, den fein-
gehackten Knoblauch und den geschnittenen Schnittlauch dazugeben.

Mandelsoße
50 g eingeweichte Mandeln, 150 g Sojamilch, 1/3 Teel. Meersalz, 3 Eßl.
Zitronensaft, 1 Eßl. Mandelmus, 1 Eßl. Ahornsirup.
Zubereitung: wie Sojanaise.

Soße Helianthus
50 g geschälte Sonnenblumenkerne, 150 g Sojamilch, 1/2 Teel. Meersalz,
3 bis 4 Eßl. Zitronensaft, 2 Eßl. Ahornsirup.
Zubereitung: wie Sojanaise.

Zitrone oder Essig?
Essigsäure verhindert im Magen die Bildung von Salzsäure. Ein
Großteil der zivilisierten Menschen leiden schon an Salzsäuremangel
und können dadurch lebenswichtiges Kalzium nicht mehr richtig
verwerten. Bevorzugen Sie deshalb die natürliche Säure der reifen
Zitrone und möglichst in hoher Verdünnung.

Ein lebendiger Organismus braucht lebendige Nahrung

Keimlinge erfüllen diese Forderung in vollkommenster Weise. Aus den genannten Gründen ist es empfehlenswert, ungefähr 2/3 der täglichen Nahrung roh zu verzehren.

Durch den Genuß von Keimlingen wird die Zunahme der milchsäurebildenden Bakterien gefördert, die ihrerseits ein gesundes Darmmilieu schaffen und dadurch den Stoffwechsel unterstützen.

Durch den Kochvorgang verlieren Lebensmittel über 85% ihres Nährwertes. Die Mineralstoffe werden unlöslich und lagern sich in den Blutbahnen ab. Das durch Erhitzen geronnene Eiweiß verschlackt und übersäuert das Blut; damit ist der Nährboden für viele Krankheiten vorbereitet. Verzehren Sie Ihre Keimlinge also vorwiegend als Rohkost.

Nährwertverluste durch Kochen:

Vitamin:		
	C	70 - 80%
	E	50%
	B1	25 -45%
	B2	40 - 48%
	B12	50%
	A	10 - 30%
	Biotin	72%
	Pantothensäure	44%
	Folsäure	97%
	Inositol	95%
	Lezithin	vollständig

Quelle:
V. Kulvinskas - Leben und Überleben
Hirthammer Verlag, München

Die Enzyme in Keimlingen

Enzyme werden auch "Zündfunken des Lebens" genannt. Es sind Fermente, die den Stoffwechsel bewirken. Die chemische Spaltung der Nahrung wird also von der Aktivität der Enzyme bestimmt. Die Aufspaltung von Kohlehydraten, Proteinen und Fett ist ihre Aufgabe. Enzyme sind als Eiweißverbindungen besonders hitzeempfindlich. Noch aktive Enzyme finden sich nur in ungekochten Lebensmitteln. In unerhitzten Nahrungsmitteln sind sie lebendig und können, weil sie Leben erhalten, auch Lebensmittel genannt werden. Erhitzte Nahrung ist größtenteils seiner Lebendigkeit beraubt und kann nur noch als Nahrungsmittel bezeichnet werden. Ferner gelangen Enzyme durch altbekannte Fermentationsprozesse (Milchsäuregärung) wieder in Lebensmittel und werten diese auf.

Die Aktivität der Enzyme wird gehemmt oder total verhindert durch Umweltgifte wie Cyanide, Kupfer- oder Quecksilberverbindungen. Auch hier wird deutlich, wie wichtig es ist, die Umwelt von Giften zu befreien, damit in Zukunft Leben und nicht Siechtum unser Schicksal bestimmt. Keimlinge, ohne schädliche Umwelteinflüsse selbst gezogen, leisten einen erheblichen Beitrag zur giftarmen Ernährung und zur Aufrechterhaltung des Stoffwechsels, ohne den die Versorgung und Entsorgung unseres Organismus nicht möglich ist.

In Magen und Darm setzen Enzyme ihre Tätigkeit fort, dabei entgiften sie die Darmflora und schaffen im Mastdarm ein gesundes Milieu für die erwünschten Milchsäurebakterien.

Die Vitamine und ihre Bedeutung

Vitamine sind Schutz- und Reglerstoffe. Sie sind für die optimale Ausnutzung der Nahrung und den ungestörten Ablauf des Stoffwechselgeschehens notwendig. Pflanzen und Mikroorganismen sind Produzenten von Vitaminen. Die in tierischen Nahrungsmitteln enthaltenen Vitamine entstammen ebenfalls Pflanzen oder Mikororganismen. Wie schon erwähnt, ist auch eine intakte Darmflora imstande, Vitamine der B-Gruppe (incl. Vitamin B12) zu synthetisieren.

Gerade um das Blutbildungsvitamin B12 haben sich die Gelehrten lange gestritten. Es sollte angeblich nur in tierischen Nahrungsmitteln enthalten sein. Inzwischen ist es kein Geheimnis, daß Vitamin B12 im Darm gebildet werden kann, daß auch in pflanzlicher Nahrung Vitamin B12 enthalten ist oder durch Fermentation (Milchsäuregärung) gebildet wird.

Für Gemischtköstler wäre es sehr fatal, auf Vitamin B12 aus tierischen Nahrungsmitteln angewiesen zu sein; denn 50 bis 85% des in Fleisch enthaltenen Vitamin B12 wird durch Braten oder Kochen zerstört.

Zu den fettlöslichen Vitaminen gehören:
Vitamin A, D, E und K. Bei Überversorgung können sie im Körper gespeichert werden. Vitamin A und D überdosiert (durch Vitaminpräparate) können zu schweren Vergiftungen und Organschäden führen.

Zu den wasserlöslichen Vitaminen gehören:
Alle Vitamine der B-Gruppe und Vitamin C. Bei Überversorgung werden sie mit dem Urin ausgeschieden.

Der Vitaminbedarf ist abhängig von Faktoren wie: Streß, Lebensalter, Schwangerschaft, körperlicher Einsatz, Krankheit, Geschlecht, Drogenkonsum (Nikotin, Alkohol usw.) und Umweltbelastungen. Unzureichende Vitaminzufuhr kann entstehen durch einseitige Ernährung oder Unterernährung. Gerade die stetig wachsenden Belastungen durch Umweltgifte aus Luft, Wasser und Nahrung und die zellzerstörenden radioaktiven Strahlen machen die vermehrte Aufnahme von anitoxidativen Vitaminen A, C und Beta-Carotin zwingend.

Viele Vitamine sind empfindlich gegen Hitze, Licht und Sauerstoff. Falsche Lagerung und Zubereitung der Lebensmittel sind weitere Gründe für die Zerstörung der Vitamine.

Bei Einnahme von Antibiotika werden nicht nur krankheitserregende Bakterien und Viren getötet, auch die Darmflora mit ihren positiven Bakterien wird dabei ruiniert; mit einer Vitaminunterversorgung muß gerechnet werden. Hier leisten Keimlinge, Weizengrassaft oral und als Klistier, milchsauer vergorene Lebensmittel und Rohkost allgemein beste Dienste, um die geschädigte Darmflora neu zu beleben.

Wenn ein "Antibiotikum" sozusagen mit einem Rundumschlag schädliche und zugleich nützliche Bakterien auslöscht, darf man es nicht sofort verteufeln. Es kommt immer auf die richtige Anwendung eines Medikaments an. So mancher Naturheilarzt war gottfroh, daß er einen mit natürlichen Mitteln nicht zu stoppenden Krankheitsverlauf durch den Einsatz von "Antibiotika" zum Stillstand bringen konnte. Die Anwendung dieser Mittel sind gerechtfertigt, wenn alle anderen Therapieformen nicht greifen. Allerdings muß nach der Medikamentengabe auf die Sanierung der Darmflora geachtet werden. Ein erfahrener Naturheilarzt wird Ihnen dabei helfen. Durch die richtige Auswahl der täglichen Nahrung und den Einsatz von Weizengrassaft können Sie das Ihrige zur Belebung der Darmflora beitragen.

Die Mineralstoffe und ihre Aufgaben

Mineralstoffe sind Stoffe aus der unbelebten Natur. Sie gelangen über das Wasser und Pflanzen in den Organismus. Für unseren Körper sind sie als Bau- und Wirkstoffe ein wichtiger Bestandteil.

Unser Körper besteht zu 5% aus Mineralstoffen.
Die Zähne sind die härtesten Mineralstoffeinlagerungen, darauffolgend das Skelett. Verschiedene Funktionen werden von Mineralstoffen geregelt. So steuern sie das Enzymsystem und fördern oder hemmen die Verwertung der Nahrung sowie die Entsorgung von Schlackenstoffen. Sie regeln den osmotischen Druck zwischen den Körperzellen und der Körperflüssigkeit. Sie sind unentbehrlich für die Regulation des pH-Wertes. Ein Mangel an Mineralstoffen führt immer zur Übersäuerung des Blutes.

In der Ernährungslehre unterscheidet man zwischen Mengenelementen, von denen der menschliche Organismus mehr, und Spurenelementen, von denen er nur geringe Mengen benötigt. Kalzium, Phosphor, Kalium, Magnesium und Natrium sind die wichtigsten Mengenelemente, von den Spurenelementen sind Eisen, Fluorid und Jod die wichtigsten Mineralstoffe.

Der Organismus verfügt über ausgezeichnet funktionierende Regel-mechanismen, um über die Mineralstoffzusammensetzung stets gleich-bleibende Milieubedingungen zu erhalten.

Die Mineralstoffe sind wie alle anderen Bausteine einem ständigen Austausch unterworfen. So müssen ausgeschiedene Mineralstoffe mit Hilfe der Nahrung ersetzt werden.

Ein Mangel an Mineralstoffen führt zu schweren Erkrankungen, völliger Entzug in kurzer Zeit zum Tod. Mineralstoffe sind fast ausnahmslos gut wasserlöslich und können deshalb bei unsachgemäßer Lebensmittelverarbeitung (Wässern, Waschen, Kochen) ausgelaugt werden. In ihrer Gesamtheit bewirken die Mineralstoffe den vollen Geschmack eines Nahrungsmittels. Ihr Verlust läßt sich deshalb durch den Zusatz von Kochsalz nur sehr mangelhaft ausgleichen.

Der industriellen Denaturierung der Nahrungsmittel einerseits, der Kultivierung auf ausgelaugten und mineralarmen Böden andererseits ist es zuzuschreiben, daß unsere Bevölkerung nicht mehr ausreichend mit Mineralstoffen versorgt wird. Natürlich kann eine Unterversorgung auch durch einseitige Ernährung entstehen. Ein Defizit an Eisen, Magnesium und Kalzium gehört schon heute für viele Bevölkerungsschichten zu den häufigsten Mangelerscheinungen.

Selbstgezogene Keimlinge sind vollgepackt mit allen wichtigen Mineralstoffen und garantieren die sichere Versorgung mit essentiellen Bau- und Wirkstoffen. Absoluter Spitzenreiter mit dem höchsten Mineralstoffgehalt ist die Kleeart Alfalfa, bei uns auch Luzerne genannt.

Wegen der allgemeinen Unterversorgung mit Vitaminen und Mineralstoffen hat sich zwangsweise eine relativ junge Behandlungsmethode, genannt "Orthomolekularmedizin", einen guten Namen gemacht. Die Orthomolekularmedizin zielt darauf ab, mit "gesunden Molekülen" in hohen Dosen zu heilen. Wir können uns jedoch mit der täglichen Nahrung bewußt diese "gesunden Moleküle" zuführen, dazu noch im natürlichen Verbund mit ergänzenden Molekülen, ohne Nebenwirkungen und in einer perfekten Zusammensetzung, mit einem so hocheffizienten Wirkungsgrad, wie es von Menschenhand künstlich nie geschaffen werden kann.

Keimlinge als Überlebensnahrung

Man braucht nicht gleich an das Schlimmste zu denken! Doch wer garantiert jedem von uns, daß die zuverlässige Lebensmittelversorgung in Europa aufrechterhalten bleibt? Immer mehr Nahrungsmittel kommen aus dem Ausland, zuwenig wird im eigenen Land kultiviert. Das macht uns abhängig von Importen. Wer hat schon einen Lebensmittelvorrat für mindestens drei Wochen im Haus? Und wer ist noch Selbstversorger mit eigenem Gemüsegarten? Eine einzige großflächige Naturkatastrophe, egal welcher Art, kann die Nahrungsmittelversorgung von vielen Millionen Menschen in Europa unmöglich machen. Dabei haben wir mit der Zerstörung der Ozonschicht geringere Ernteerträge, Ernteausfälle, Orkane, Sturmfluten, Kälteeinbrüche im Sommer und Saharaklima mit großflächigen Waldbränden bereits vorprogrammiert.

Weise Indianer sagten voraus, daß der Untergang der weißen Rasse mit dem Abbau der Bodenschätze begonnen hat. Luft, Wasser und Boden sind in einem unverantwortlichen Ausmaß geschädigt, und keine Regierung auf Erden weiß, wie die explosionsartig wachsende Bevölkerung nach dem Jahre 2 000 versorgt werden kann! Hungern doch jetzt schon 2/3 der Menscheit, 1/3 davon lebt im absoluten Elend.

Hauptsache, uns geht es gut! Es geht uns sogar so gut, daß wir uns erlauben können, hochwertige Nahrung an Masttiere zu füttern, um nur einen Bruchteil des Futters als tierische Nahrungsenergie zu erhalten. Im Durchschnitt bekommen wir von 7 Kalorien Pflanzenfutter nur eine Kalorie an tierischer Nahrung zurück. Bald werden auch wir gezwungen sein, rein pflanzliche Nahrung direkt zu uns zu nehmen, weil wir uns diesen verschwenderischen Umweg über das Tier nicht mehr leisten können, vor allem aber aus ethischen und gesundheitlichen Gründen nicht leisten sollten.

Es geht hier nicht um Panikmache, aber ein wenig sollten wir unseren Verstand schon einsetzen und der Realität ins Auge sehen. Oder glaubt jemand allen Ernstes, daß wir ungestraft unterirdische Atomexplosionen vornehmen, riesige Erdöllager plündern und gifterzeugend verbrennen dürfen? Daß wir, ohne Konsequenzen herbeizurufen, Uranminen abtragen und lebenszerstörende Atomkraftwerke bauen können? Daß riesige Urwälder abgeholzt werden dürfen, ohne Störungen im Naturgefüge zu verursachen?

Alles, was denkbar ist, kann eintreffen. Wer aber nicht arglos von unwägbaren Ereignissen überrascht werden möchte, der legt sich einen verderbsicheren Monatsvorrat verschiedener Samenkörner an, um in Notzeiten das Nötigste zum Überleben im Haus zu haben. Dazu gehören auch Keimgläser und Keimgeräte, ebenso wie ein Wasservorrat. Keimlinge sind die beste Vollnahrung zum Überleben in Notzeiten. Auch Getreidekörner, 24 Stunden eingeweicht, sind schon genußfertig und eine rettende Mahlzeit. Das Einweichwasser kann als nahrhaftes Getränk verwendet werden.

Ein ganzer Himmel aus Feuer
reißt mir die Hände auf
und brennt in mein Fleisch
die Initialen der Erde
damit ich weitertrage
ihren Schmerz
anzurufen die Menschen
um Hilfe

Meerwind - Gedichte
Annette Christener-Ayasse

Nitratgehalt in Keimlingen

Nitrat in Spinat, Rote Bete und nun auch Nitrat im Mineralwasser. Die Frage nach Nitrat in Keimlingen ließ nicht lange auf sich warten.

Nitrat (Salz der Salpetersäure) ist eine von Pflanzen leicht aufnehmbare Stickstofform. Durch Reduktion (Entzug von Sauerstoff) des Nitrats entsteht giftiges Nitrit, welches den Sauerstofftransport im Blut behindert; daraus können sich wieder krebsfördernde Nitrosamine bilden. Übelkeit, Magenbeschwerden und Atemnot sind die Folgeerscheinungen einer Nitratvergiftung.

Stark nitrathaltiges Wasser oder mit Stickstoff überdüngter, aufgewärmter Spinat kann bei Kleinkindern lebensgefährliche Zustände herbeiführen. Deshalb, Gemüse für Kleinkinder niemals aufwärmen. Bevorzugen Sie Gemüse aus kontrolliert-biologischem Anbau (kbA) bringen Sie dieses nur frisch zubereitet auf den Tisch. Im kontrolliert-biologischen Landbau wird auf die Zugabe von schnelltreibendem, nitratbildenden Stickstoff verzichtet. Auch die Massentierhaltung bringt es mit sich, daß mit der Jauche Übermengen an Nitrat auf die Felder gebracht werden und so Boden und Grundwasser belasten.

Wichtig ist zu wissen, daß Vitamin C als wirkungsvoller Hemmstoff der Nitrosaminbildung bekannt ist. Deshalb ist eine Beurteilung der Nitratbelastung von Gemüse abhängig von der Einbeziehung des Vitamin-C-Gehaltes. Zum Beispiel enthalten Rote Beteknollen von Natur aus relativ viel Nitrat. Die Natur, weise und perfekt wie immer, hat der Roten Bete gleichzeitig die nötige Menge Vitamin C zugedacht, so daß der Nitratgehalt nicht zur Nitrosaminbildung führen kann.

In bezug auf Keimlinge sollten Sie wissen, daß mit der Keimdauer auch der Gehalt an Vitamin C zunimmt. Durch Lichteinstrahlung verringert sich der Nitratgehalt täglich um ca. 17-18%. Gegrünte Keimlinge enthalten also grundsätzlich weniger Nitrat.

Keimlinge auf Watte gezogen enthalten doppelt so viel Nitrat wie Keimlinge, die nur mit Wasser in einem Keimgerät gezüchtet wurden. Wenn Sie eine Keimunterlage z. B. für Kresse verwenden wollen, verwenden Sie möglichst ein weißes Baumwolltuch.

Wegen der höheren Nitratspeicherung konventionell angebauter Lebensmittel, sollten immer biologisch gezogene, rückstandskontrollierte Keimsaaten bevorzugt werden.

Von Vorteil ist es, auch Keimlinge von Hülsenfrüchten und Getreide vor dem Verzehr ans Fenster zu stellen, um Sonnenenergie zu speichern und Nitrat abzubauen.

Die Gefahr, eine Nitratvergiftung zu bekommen, lauert also nur in konventionell angebautem, stickstoffüberdüngtem, unter Lichtmangel im Gewächshaus gezogenem Gemüse mit geringem Vitamin-C-Gehalt, in aufgewärmtem Gemüse (besonders Spinat), nitratreichem Wasser, besonders aber in allen gepökelten Fleischspeisen und Wurstwaren.

Strahlung und Keimlinge

Unbestritten, wir leben im Atomzeitalter. Zu den zellzerstörenden Strahlen aus Atomkraftwerken, Wiederaufbereitungsanlagen, AKW-Unfällen, unterirdischen Atomtests kommen jetzt noch die kanzerogenen UV-Strahlen durch die geschädigte Lufthülle, genannt Ozonloch, direkt auf unsere Haut.

Diese negative Strahlenenergie schwächt und zerstört alle Lebensformen, besonders jene, die sich nicht zu wehren und schützen wissen, die im geistigen Sinne unwissend sind. Wenn unser Leben so leichtfertig weiterläuft, werden einige Lebensformen aussterben. Mit der Schädigung der Lebensgrundlagen durch radioaktive Strahlung kommt es zur Verringerung des Sauerstoffgehalts in der Luft. Auch im Blut sinkt der Sauerstoffpegel, dadurch steigt die Anfälligkeit für Krankheiten. Doch, was können wir tun, um die schwere Zeit der Wandlung zu überstehen?

Der Geist befiehlt dem Körper. Deshalb ist eine furchtlose Geisteshaltung im Vertrauen auf höhere Führung angebracht und hilfreich.
Bessere Sauerstoffaufnahme wird durch richtige Tiefatmung bis hinunter zum Zwerchfell erreicht. Ausgeglichene Menschen und Meditierende wissen sofort, was gemeint ist. Im Atem ist Leben - mit dem ersten Atemzug sind wir in unseren Körper eingezogen, mit dem letzten verlassen wir ihn wieder.
Durch richtige Nahrung bekommen wir mehr Sauerstoff ins Blut. Das Zauberwort hierfür heißt Rohkost: unerhitzte Nahrung aus Früchten, Keimlingen, Nüssen, Gemüse, Salaten und im besonderen das erwähnte Chlorophyll aus Weizengras. Diese energiereichen Lebensmittel sorgen dafür, daß weniger Schadstoffe im Körper eingelagert, dagegen Giftstoffe gebunden und ihre Ausscheidung gefördert wird.

Im folgenden sind einige Untersuchungsergebnisse von dem Ernährungswissenschaftler Gregor Wilz zusammengestellt. Sie untermauern die eben aufgeführten Behauptung.

Nitrosamine sind kanzerogen, werden gehemmt durch Vit. C und E.

Bei Ozonschäden schützen Vitamin E und Para-Amonobenzoesäure, desgleichen Retinoide und Beta-Carotin, die Vorstufen von Vitamin A.

Polynukleare aromatische Kohlenwasserstoffe (Pak) sind Schadstoffe in der Luft, die durch die Verbrennung organischer Stoffe (Kohle, Öl, Benzin, Tabak) entstehen. Pak enthalten "freie Radikale" die den Zellkern schädigen, die Erbgutträger DNS angreifen und die Tumorbildung fördern. Antioxidative Vitamine C, E, B 1, Beta-Carotin, weiterhin Kalziumpantothenat, die Aminosäure Cystein, die Mineralstoffe Zink und Selen können Pak eliminieren.

Schwermetalle sind ebenfalls massive Schadstoffe, denen mit Vitamin C und D sowie mit Selen und Kalzium begegnet werden kann.

Durch radioaktive Bestrahlung entstandene "freie Radikale" werden von den Vitaminen E und C abgefangen. Die vermehrte Ballastzufuhr erhöht die Ausscheidung von Isotopen über den Darm. Durch ausreichende Versorgung mit Kalium, Kalzium und anderen Mineralstoffen wird die Aufnahme von Radioisotopen vermindert. Je besser wir mit natürlichen Mineralstoffen versorgt sind, desto weniger Isotope werden eingelagert. Mit dem Genuß von Rohkost wird das Immunsystem gestärkt. Er ist ein weiterer Schutz vor Radioaktivität. Wer mehr trinkt, scheidet mehr Schadstoffe Radioisotope aus.

Quelle:
Die vegetarische Rohkost
Heilnahrung für Körper, Seele und Geist
Gregor Wilz

Schlußwort

Unser Körper steht in Wechselbeziehung mit unserer Psyche. Deshalb ist die richtige Nahrung so notwendig für unser seelische Wohlbefinden, welches wiederum unserer geistigen Weiterentwicklung förderlich ist.

Alles im Universum strebt nach Vervollkommnung. Als "Krone der Schöpfung" ist es unser Privileg, bewußt das anstreben zu können, wofür wir unserem Wesen nach bestimmt sind. Dieses Leben ist ein Geschenk und gibt uns die Möglichkeit, zurückzufinden zu unserem Ursprung. Erheben wir also die natürliche Ernährung nicht zur Religion, doch nehmen wir sie an als Chance zur bestmöglichen Erhaltung unserer Körperfunktionen.

Es ist bei weitem viel angenehmer, in Gesundheit alt zu werden und die erlangte Reife, Weisheit und Lebenserfahrung ohne körperliche Beschwerden genießen zu können.

Krankheit ist immer ein Zeichen von Disharmonie und macht aufmerksam, daß etwas fehlt. Nicht nur unsere Eßgewohnheiten, vor allem unsere Geisteshaltung, was wir denken, reden und tun, unser ganzer Lebensstil entscheidet, ob wir uns in Harmonie oder in Mißstimmung befinden. Wir wollen aus unseren Fehlern lernen, sie sind ein unschätzbares Kapital zu Glück und Erfolg. Nehmen wir unser Leben in die Hand und bestimmen unsere Zukunft durch unsere positive Einstellung, gute Gedanken, Worte und Taten.

Alles was Du aussendest
wird zu Dir zurückkehren!

Chinesisches Sprichwort

Alles zum Keimen
zur Selbstversorgung aus dem Zimmergarten

zuhause selber keimen   DM 14,80
Anleitung zum Keimen - Wissenswertes über Keimlinge
Reiner Otto Schmid

Das große Buch der Sprossen und Keime   DM 19,80
Mit vielen Rezepten und Informationen
Rosemarie Nöcker

Das Sprossen-Glas mit Schraubsieb   DM 14,80
Keimglas 3/4 l zum Keimen von Hülsenfrüchten und Getreide.

Abtropfgestell aus Edelstahl für 2 Keimgläser   DM 19,80
Abtropfgestell aus Edelstahl für 3 Keimgläser   DM 21,80

Abtropfschale für 2 Keimgläser   DM 19,80
Abtropfschale für 3 Keimgläser   DM 21,80

Biogarten Keramik-Keimer oval   DM 69,-
Mit Wasserauffangschale 2 Keimschalen, Deckel
Zusätzliche Keimschalen zum Keramik-Keimer   je DM 18,-

Unser umfangreiches Keimsaatenangebot
ist auf Anfrage erhältlich.

Verlag und Vertrieb Ernährung & Gesundheit

Weizengrassaft

Medizin für ein neues Zeitalter

Saft aus Weizengras, den ersten grünen Trieben des Getreides wird als ergiebige Quelle für Kraft und Gesundheit wiederentdeckt.

Licht ist Leben - und alle Grünpflanzen speichern in Form von Chlorophyll die lebenspendende Sonnenkraft. Deshalb nannte Dr. Bircher das Chlorophyll auch "konzentrierten Sonnenschein".

Weizengras mit seinem hohen Chlorophyllgehalt ist ein excellenter Speicher für Sonnenlicht. Lebensmittel mit viel Lichtenergie lassen unsere Organe besser funktionieren, unsere Nahrung gründlicher verwerten, Nervenimpulse schneller weiterleiten, Gehirnströme freier fliessen, den Schlag des Herzens in Gang halten. Die konzentriert zugeführten elektrischen Impulse verleihen uns neue Vitalität und Spannkraft. Entgiftung des Blutes und der belasteten Körperorgane sowie die gezielte Zuführung von "gesunden Molekülen" stehen immer im Vordergrund, um körperliches Wohlbefinden zu erzielen. Weizengrassaft mit seinem Reichtum an Chlorophyll ist ein hochwirksames Blutreinigungsmittel. Über 100 Mineralstoffe, alle wichtigen Vitamine inclusive Vitamin B 12 sowie der hohe Enzymgehalt machen Weizengrassaft zur besonderen Nahrungsergänzung für den modernen Menschen. Streß, Krankheit, Schwangerschaft, Umweltgifte, Medikamentenbelastung, radioaktive Strahlung, Bildschirmstrahlung, Röntgenstrahlen, Alkohol, Nikotin und sonstige Genußgifte verlangen gerade in unserer Zeit eine deutlich vermehrte Zufuhr von Vitalstoffen zur Erhaltung der Zellfunktionen und zur Stärkung der Immunkräfte. Die zellschützenden Vitamine C, E, Beta Carotin sowie Bioflavonoide sind in keinem anderen Lebensmittel so konzentriert vorhanden wie in Weizengrassaft. In der Vergangenheit kannte die Wissenschaft kein einziges natürliches oder chemisches Mittel zu Anregung des DNA-Reparatursystems zur Regenerierung der Erbgutinformation, bis Dr. Kubota das Enzym P4D1 in Weizengrassaft isolierte. Dieses geheimnisvolle Enzym ist in der Lage, eine bemerkenswerte Stymulation des DNA-Reparatursystems in den Fortpflanzungszellen herbeizuführen. Weizengrasenzyme bewirken den Aufbau der durch Röntgenstrahlung geschädigten DNS. Sie mindern zellschädigende Einflüsse radioaktiver Strahlen, bremsen den Alterungsprozeß und hemmen Krebsentwicklung.

Weizengrassaft
Medizin für ein neues Zeitalter
Wissenswertes über Weizengrassaft mit Anleitung
Reiner Otto Schmid DM 14,80
Verlag Ernährung & Gesundheit

Die heilende Aloe
das Geschenk der NATUR an uns alle

Von allen Heilpflanzen ist die Aloe Vera eine der ältesten und meist verehrten Pflanzen. In der Volksheilkunde ist sie bis heute bekannt als bestes Hautheilmittel. Zur kosmetischen Gesichtspflege schätzen Frauen seit alters her die nährenden, schützenden, feuchtigkeitsspendenden, regenerierenden und glättenden Eigenschaften des kostbaren Aloe Vera Gels auf die Haut. Während in der Vergangenheit nur das Gel der Aloe verwendet wurde, entdeckten amerikanische Wissenschaftler vor einigen Jahren, daß der kaltgepreßte Saft aus dem ganzen Aloe Vera Blatt bis zu fünfmal mehr Wirkstoffe enthält, als das Gel selbst. Bisher wurden in Aloe Vera 160 Inhaltsstoffe gefunden. Der Hauptwirkstoff in Aloe Vera ist das Mucopolysaccharid *"Acemannan"*. Da *"Acemannan"* in alle Zellmembrane eingelagert wird, kann die Immunabwehr jeder Körperzelle, also des ganzen Organismus gestärkt werden. Nicht nur die Widerstandskraft der Zellmembrane gegen krankmachenden Krankheitserreger wird verbessert, auch die Aktivität der Makrophagen (Freßzellen) werden bei der Vernichtung von Geschwulsten und Giften um das zehnfache in ihrer Aktivität gesteigert. Die Anzahl der T-Killerzellen, der Monozyten, Lymphozyten, selbst der roten Blutzellen wird vermehrt und in Ihrer Tätigkeit bedeutend aktiviert. Wissenschaftliche Studien und Erfahrungen bewiesen, daß Aloe Vera Saft und Aloe Vera Gel durch die regenerierende, zellreinigende- und zellschützende Funktion bei den meisten gesundheitlichen Problemen Hilfe und Besserung bringen kann.

Als Nahrungsergänzung hilft Aloe Vera Saft, die Abwehrkräfte nachhaltig zu stärken. In Zeiten großer Belastung und in der Rekonvaleszenz stabilisiert und normalisiert Aloe Vera die Körperfunktionen; sie vitalisiert und fördert die geistige Leistungsfähigkeit und Antriebskraft auch im Alter. Angesichts weltweit verbreiteter Degenerationskrankheiten, Stoffwechselkrankheiten und Abwehrschwäche, scheint sie zum richtigen Moment in ihrer Bedeutung wieder erkannt und zum Geschenk der Zeit zu werden.

Die heilende Aloe
das Geschenk der Natur an uns alle
Dr. John Finnegan, Reiner Schmid DM 17,80.
Verlag Ernährung & Gesundheit